불교무용 감상

Buddhism dances

불교무용 감상

佛敎舞踊

• 법현 지음 •

운주사

* 본서는 2020학년도 동국대학교 경주캠퍼스 국제화선도프로그램
연구비 지원을 받아 제작하였음.

인사말

세계인이 찬사를 보내는 중요무형문화재 제50호 영산재는 2009년 유네스코 세계무형문화유산으로 등재되어 세계인이 전승 보존해야 할 문화재로 매년 6월 6일 한국불교 태고종의 봉원사(서울 신촌 소재)에서 진행된다. '영산재'는 범패·연극·무용·미술·음악·무대까지 서양의 오페라보다 훨씬 장엄하고 웅대한 종합예술로, 불교음악 범패, 불교무용 작법무의 바라춤·나비춤·법고춤·타주춤 등 전통적인 '악, 가, 무'로 장엄과 더불어 진행된다.

이 글은 해외에 국악을 홍보하고 민족음악학계에서 국악의 위상을 높이기 위해 국립국악원이 발간하는 Korean Musicology Series 6. *Dance of Korea*의, 한국무용의 종류와 역사 등을 다룬 글 가운데 영문판 「불교무용(*Buddhism dances*)」을 위한 한글 원고임을 밝힌다.

영산재 시연을 위해 1990년 후반부터 영산재 콘텐츠 작업을 진행하였는데, 그 결과 5세기 중엽 고구려 장천1호 고분벽화의 의식장면 복원, 신라 754년 '화엄경사경 조성기' 내용을 바탕으로 복식과 사경의식 복원, 고려불화에 나타난 승려복식 재현, 조선시대 50여 점에 이르는 감로탱화를 분석하여 당시의 복식 재현 등의 성

과를 이루었다. 또한 필자가 2000년 10월 세계 최초로 발견한 각필악보를 재현하고, 조선시대 감로탱화 하단의 악, 가, 무를 바탕으로 1,000년 전의 의식음악을 범패와 더불어 복원하였다. 그리고 이를 무대화한 영산작법 '니르바나' 공연(2003년)을 시작하였고, 이후 해외 여러 나라에 초청되어 공연하였다.

영산회상(작법) '니르바나' 무대화 콘텐츠 작업에 30년 가까이 함께한 영산재 연출가 김영렬 교수님, 무용 안무 및 복원 작업에 참여해준 창원대학교 무용학과 김향금 교수님, 영산재보존회 회원스님 등, 찬란한 우리 문화예술의 복원, 재현, 콘텐츠화에 함께 동참해준 분들께 깊이 감사드린다. 앞으로도 이러한 작업은 계속될 것이며, 사진과 글을 통해 옛것을 되새겨보고 전승, 보존, 발전과 더불어 종교의식 무용의 이해와 감상에 자그마한 디딤돌이 되었으면 하는 마음이다.

동국대 한국음악과 교수

법현

인사말 • 5

불교무용 의미

영산회상-니르바나-공연

불교무용은 불교 의식 진행 시 불교음악과 함께 스님들에 의해 진행되며, 불교무용을 통틀어 작법作法·작법무作法舞·법무法舞·승무僧舞라고 한다. 이러한 불교무용은 재齋 진행 시 불교음악 범패를 전문적으로 배운 스님들에 의해 이루어진다. 무용은 몸·입·생각을 통하여 삼업三業의 이치를 되새기는 한편, 깨달음을 향한 수

법고춤

행의 몸짓이기도 하다.

삼업三業이란 첫째, 몸동작을 통한 신업身業공양, 둘째, 입으로 경전 내용을 암송하거나 염불로 하는 구업口業공양, 셋째, 마음과 생각으로 짓는 의업意業공양이며, 무용은 이러한 삼업三業을 통해 일체중생 모두 깨달음으로 이끄는 가르침인 것이다. 불교 의식무의 역사와 유래는 입에서 입으로 전해 오는 구전전설口傳傳說과 불교문화의 내용을 담고 있는 경전에서 찾아볼 수 있다. 이 가운데 영산회상설은, "석가모니 부처님이 영취산에서 법화경法華經을 설법할 때 천사색天四色의 채화彩花를 내리니 가섭이 알아차리고 빙긋이 웃으며 춤을 춘 것을 승려들이 모방했다"는 설로, 가섭이 춤을 춘 것이 서술되어 있다. 또 춤과 음악이 깨달음의 길임을 『대수긴나라왕소문경』에서는 다음과 같이 서술하고 있다.

"세존이시여, 저희 긴나라들은 꽃과 향에 취하고 노래와 춤에 취하며 환희로움에 취해 있습니다. 세존이시여, 저희들에게 법에 들어가는 문을 말씀하시어 저희들이 헛되이 취함을 떠나 보리의 도를 돕는 법을 닦아 익히게 하소서."*

---

* "世尊 我緊那羅耽醉華香 耽醉歌舞 耽醉歡喜 唯願世尊 當爲我等說所入法門 當令我等捨離狂醉 修集菩提助道之法" 『大樹緊那羅王所問經』 卷第三, 『大正藏』 卷15, p.384上.

가무歌舞라 함은 악樂·가歌·무舞를 이르며, 일체중생이 깨달음을 성취할 수 있도록 이끄는 불법의 교화 방편으로, 즉 수행의 하나로 음악과 무舞를 설하고 있음이 많은 경전에 나타나 있다.

불교 경전에 보이는 악·가·무

『대루탄경』에서는 가무歌舞에 대하여 다음과 같이 설하고 있다.

> 어찌하여 가무라 하는가 하면, 여러 도리천인들이 가무동산 누각 안에 들어갈 때 곧 노래하고 춤추면서 서로 즐기기 때문에 가무라 한다.*

> 도리천 전각의 서쪽에 동산 누각이 있는데 가무歌舞라고 한다. 너비와 길이는 각각 4만 리이고 모두 7보로 만들어졌는데, 일곱 겹의 벽과 난간과 교로와 수목들이 있어 둘레를 에워싸고 있다.**

---

* "何以故言歌舞 兜利諸天人 入歌舞園觀中時 便歌舞相娛樂 是故言歌舞"『大樓炭經』卷第四 忉利天品 第九, 大正藏 卷1, pp.295下~296上.

** "忉利天殿舍西有園觀名歌舞 廣長各四萬里 亦以七寶作 七重壁欄楯交露樹木"『大樓炭經』卷第四 忉利天品 第九,『大正藏』卷1, p.295上

영산재 범패

가무歌舞라 함은 악·가·무를 합하여 칭하는 말로, 춤추고 즐기는 것을 가무라 하였다. 한편, 악기에 대해서는 『치선병필요법治禪病祕要法』에서

> 구반다는 야차의 몸을 꽃다발로 삼고, 북을 치고 춤을 추면서 앞으로 나아가니, 그의 어금니는 위로 나와 칼나무의 가지와 같고 눈(眼) 속에는 우박이 내리고 벼락불이 일어난다.*

라고 하여, 가무를 함에 있어서 몸에 꽃디발을 걸치고 북을 악기로 사용하였음을 알 수 있다.

---

* "鳩槃茶身根 以爲花鬘 鼓舞前地 狗牙上出 如劍樹枝 眼中雨雹 霹靂火起" 『治禪病祕要法』 卷下, 大正藏 卷15, p.339上

불교무용의 한국 전래

영산작법. 니르바나공연-구법순례

불교의식 무용의 한반도 전래는, 기원전 6세기 인도에서 발생한 불교가 기원후 1세기 무렵 중국을 거쳐 4세기 이후 육로를 통해 삼국으로 전래되었다는 전통설 외에, 기원후 1세기경 가야로의 해상전래도 추측해 볼 수 있다.

영산작법. 니르바나공연-구법순례

해상을 통한 가야불교 전래설은 『삼국유사三國遺事』「가락국기駕洛國記」와 「금관성파사석탑조金官城婆娑石塔條」에서 찾아볼 수 있다.

『삼국유사』「가락국기」에는

> 저는 큰 배를 타고 멀리 증조를 찾고, 하늘로 가서 번도를 찾아 이제 모양을 가다듬고 감히 용안을 가까이 하게 되었습니다.*

라고 하여, 해상으로 가락국에 왔음을 밝히고 있다.

---

* 박성봉·고경식 역, 『역해 삼국유사』, 서문문화사, 1985, p.165.

'허황옥은 하늘이 내린 가락국 왕을 찾아가 배필이 되라는 부모의 분부를 받들고 기원후 48년에 가락국에 도착했다'는 허황옥의 가락국 도착설, 허황옥 오빠 장유화상의 불교전래설이 있다.**

즉 16살의 아유타국(阿踰陀國: 아요디야) 공주 허황옥은 하늘이 내린 가락국 왕을 찾아가 배필이 되라는 부모의 분부를 받들고 기원후 48년에 20여 명과 함께 붉은 돛을 단 큰 배를 타고 장장 2만 5천 리의 긴 항행 끝에 남해의 별포 나룻목에 이른다.***

이후 왕후의 오빠인 장유화상 보옥선사는 가락국의 국사로서 불교의 가락국 초전에 디딤돌을 놓는다. 김해 불모산佛母山 장유사에 있는 선사의 화장터와 사리탑 및 기적비, 그리고 왕과 왕후가 만난 곳에 세워진 명월사明月寺 사적비에는 선사의 초전활동을 말해주는 유물이 있으며, 금관 호계사의 파사석탑婆娑石塔은 금관국 수로왕의 왕비 허황후 황옥이 동한東漢 건무 24년 갑(술)신년에 서방의 아유타국으로부터 이 탑을 싣고 왔다는 대목이 있다.

** 정수일, (8) 만남의 인연을 맺어준 허황옥, 한겨레, 2004. 7. 27 자료 참조. "만년에는 지리산에 들어가 왕후의 일곱 아들을 성불케 하고 칠불사를 짓기도 한다." "그 밖에 가락국의 불교 초전을 알리는 유적·유물은 적지 않다. 이 모든 것은 왕후의 도래를 계기로 일어난 불사들이다. 이러한 불사들은 가락국에 국한되지 않고, 200년께는 딸인 묘견妙見공주를 통해 일본 규슈까지 파급되니, 백제 불교의 일본 공전보다 무려 250년이나 앞선 일이다."

*** 정수일 교수의 문명교류기행, 자료 참조.

영산재 바라춤

이외에 김수로왕의 불교 용어에 관한 다음과 같은 언급도 있다.

> 가히 16나한과 7성이 살 만한 곳이다. 더구나 1에서 3을 이루고 3에서 7을 이루므로 칠성이 살 곳으로도 가장 적합하다.*

16나한이란 석가모니부처님의 16제자이고, 7성은 도를 깨우친 자로 모두가 최고의 선지식들이다. 가락국을 일명 '가야국'이라고 하는데, 이 '가야'란 말은 인도어로서 불교와 관련된 지명이나 코끼리, 가사 등에서 그 어원을 찾고 있어, 당시 김수로왕이 불교를

* 박성봉, 고경식 역, 상게서, p.162.

신봉하였을 것으로 추측할 수 있는 설화이다. 이와 같은 설화가 사실이라면 불교의 해상전래설과 불교의식 음악의 해상전래설을 새로운 학설로 볼 수 있을 것이며, 이 해상전래설에 대해서는 앞으로 많은 연구가 필요하다 할 것이다.

한편, 중국에의 불교 전래가 후한 명제 영평 10년(67)이었으므로, 가락국기의 기록을 기점으로 한다면 한반도는 중국보다 19년 일찍 불교가 전래되었다고 볼 수 있다.

육로를 통해 중국에서 건너온 불교는 고구려 소수림왕 2년(372), 신라 법흥왕 14년(527)에 공인되었는데, 이 과정에서 음악과 무용이 함께 전파되었을 것이다. 그러나 삼국시대 불교무용에 관한 기록은 찾기 어려우며, 범패에 대한 기록은 『삼국사기』나 『삼국유사』에서 찾아볼 수 있다. 또한 범패에 대한 기록은 『임하필기林下筆記』 제38권 해동악부海東樂府에서 볼 수 있다.

진흥왕 시대 매년 동짓달이면
채붕 매고 윤등 달고 온갖 놀이 하였네.
복을 빌 때 아름다운 광경까지 구경했으니
예쁜 자태를 가진 화랑이 뽑혀 들어왔구나.**

** 『林下筆記』 第三十八卷, 海東樂府: 眞興王歲月中冬, 棚結輪燈百戲從, 祈福之時兼觀美, 花郎選入儀衤茸.

비천무-니르바나공연. 김향금 안무, 춤

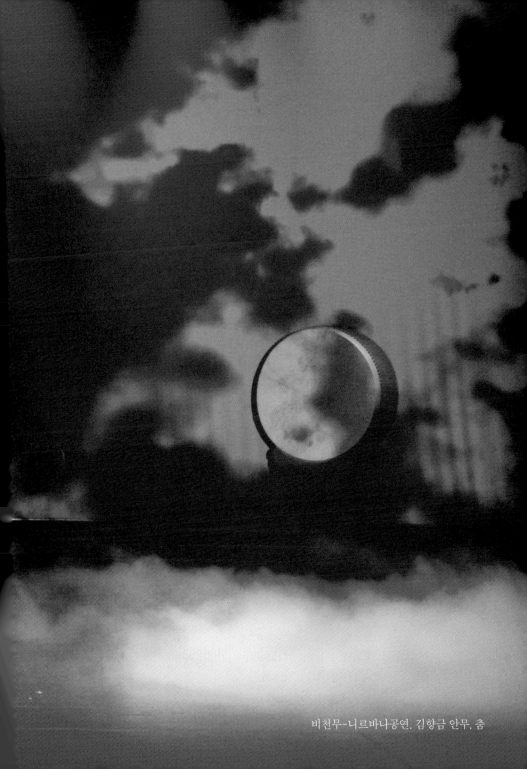

영산재 바라춤

신라 팔관회新羅八關會에 대한 기록으로 "진흥왕眞興王 때 매년 11월에 승도僧徒들을 대궐 뜰에 모으되, 윤등輪燈 1좌坐를 설치하고 향등香燈을 나열하며, 네 구석에 또 채붕彩棚을 매고서 온갖 놀이와 가무를 가지고 복을 빌었다."는 내용도 볼 수 있다.

무애無㝵

쇠방울 달고 채백으로 장식하여
두드리며 음절에 맞게 춤 동작을 했네.
원효의 호로병박 서자에서 울려대고
걸림없는 부처님 말씀 서방에서 왔다네.[*]

신라 원효스님이 대중교화를 위해 호리병박을 두드리며 저잣거리에서 노래를 부르고 춤을 추었다는 기록이다.

551년 신라 진흥왕 12년부터 시작된 팔관회는 무속적인 고대 제천의례가 불교와 결합된 것이고, 화랑들 중에서 사선四仙, 팔관선랑八關仙郞 등을 뽑아 가무를 통해 설행되었다. 팔관회와 백고좌 법회에 대한 기록은 『삼국사기』 권제44 「열전列傳」에서 찾아볼 수 있다.

거칠부가 그를 말에 태워 함께 돌아와서 왕에게 배알시키니, 왕

---

[*] 『林下筆記』第三十八卷, 海東樂府: 鈴垂綵帛爲粧 進退中音拊擊揚 元曉葫蘆
游在市 佛言無碍出西方

고려 · 조선시대 복식
재현 바라춤

이 그를 승통으로 삼고 처음으로 백좌강회百座講會를 열고 팔관
법을 실시하였다.*

신라 원효의 무애무와 더불어 의식무에 대한 기록으로는, 6세기
초에 남중국 오吳나라의 기악무伎樂舞를 백제인 미마지味摩之가
배워 일본에 건너가 상류층의 귀족 자제들에게 전했다는 기록이
있다.

"기악무는 부처님께 공양 올리기 위한 가무의 일종으로 마임
(mime)과 유사한 가면 묵희黙戱이며, 희극笑劇적 요소를 지닌
것이다. 기악무는 불교음악, 즉 범음성梵音聲이 어우러진 춤은
아니었지만 부처님께 공양供養한다는 의미에서 당시 고승으로
부터 인정을 받았다."**

고려시대의 불교는 왕실의 보호 아래 국교적 융성을 보게 되었
는데,『고려사高麗史』에는 역대 왕들이 연등회燃燈會를 행하고 백
좌도량白座道場을 왕궁에 설치한 일과 의식 기록이 전한다.
『고려사절요』 제1권에는 "태조 신성대왕太祖神聖大王 기묘2년

---

* 『三國史記』卷第四十四, 列傳 第四, 居柒夫 於是, 同載以歸, 見之於王, 王以爲
  僧統, 始置百座講會及八關之法.
** 법현, 『불교무용』, 운주사, 2002, p.16.

(919) 하루에 바치는 쌀이 7만 석에 이르고 해마다 공양한 중이 3만 명이나 되며, 사원과 초상은 금·은으로 장식되지 않은 것이 없으며, 불경의 천함千函·만축萬軸의 글자는 금과 은으로 꾸미지 않은 것이 없었다. 궁전은 염불하는 집이 되었고…"***라고 하였다.

또한 고려 태조 23년(940) 12월****, 광종 21년(970) 갈양사葛陽寺에서 개설된 수륙도량이 있고, 선종 때에는 태사국사 최사겸崔士兼이 『수륙의문水陸儀文』을 송나라에서 들여와 보재사寶齋寺에 수륙당을 열었고, 혼구混丘는 『신편수륙의문新篇水陸儀文』을 찬술하는 등 불교의식이 성행하였음을 엿볼 수 있다.

『태조실록太祖實錄』에는 태조가 고려 왕씨의 명복을 빌기 위해 수륙재를 거행하였다는 기록이 있다.

> 태조께서 관음굴·견암사·삼화사에서 수륙재를 설행하도록 명하시었으니, 이는 해마다 봄과 가을에 거행되는 것이 상례였으며 전 왕조의 왕씨王氏를 위한 것이었다.*****

또한 문종 21년(1067) 정월 흥국사興國寺에서 밤낮으로 5주 동

*** 太祖神聖大王 己卯 二年 一日施米, 至於七萬, 歲飯僧徒, 至于三萬, 寺院肖像, 無非金銀之飾, 千函萬軸, 無不金銀其字, 宮殿, 爲梵唄之堂.

**** 高麗史, 世家 권2, 태조 23년 12월조(條).

***** 太祖實錄 권7, 태조 4년 2월 무자조戊子條.

안 연등회를 특설한 기록, 의종(1147~1170)이 봉은사奉恩寺 연등회에 참석한 기록 등도 전한다.

그리고 송나라의 사신 서긍이 1123년에 고려를 방문하여 보고 들은 것을 기록한 『선화봉사고려도경』을 비롯 다양한 역사서에 범패에 대한 기록이 전한다.

『선화봉사고려도경』 제17권

> 사우祠宇 원단元旦과 매달 초하루와 춘추와 단오에 다 조상의 신주에 제향을 드리는데, 부중府中에 그 화상을 그려 놓고 승려들을 거느리고 범패梵唄를 하루 밤낮을 계속한다.*

---

* 歲旦, 月朔, 春秋, 重午. 皆享祖禰. 繪其象於府中. 率僧徒歌唄. 晝夜不絕.

고려 · 조선시대 복식재현 범패

『선화봉사고려도경』 제18권

석씨釋氏 그들의 범패梵唄로 말하면 또 사투리여서 전혀 분간할 수가 없다. 그들의 요발(鐃鈸: 불가에서 쓰는 악기 이름)은 생김새가 작고 소리가 시름겹고, 그들의 소라 소리는 호통을 치듯 매우 크다.**

『해동역사海東繹史』 제32권

** 至其梵唄, 則又鴃舌, 不復可辨矣, 其鐃鈸, 形制小而聲愁, 至其螺聲, 則洪大如號焉.

고려·조선시대 복재재현 범패

석지釋志 석교釋敎의 기록에 불상佛像과 공구供具가 모두 깨끗하고, 번幡의 장식과 비단 천개天蓋는 질서가 정연하다. 대경大經으로는 화엄경華嚴經과 반야경般若經이 있고, 작은 경전은 이루 헤아릴 수 없이 많다. 또한 본래 중국에서 연구하여 중국말을 할 수 있는 자가 있어서 낭송시켜 보았더니, 똑똑히 알아들을 수 있었다. 그들의 범패梵唄로 말하면, 사투리여서 전혀 분간할 수가 없었다. 요발鐃鈸은 생김새가 작고 소리가 구슬펐으며, 그들의 나螺소리는 호통을 치듯 매우 컸다.

『동사강목』 제15상

을사년 공민왕 14년(1365) 왕은 본디 불교를 믿어 왔는데 이때에 이르러 크게 불사佛事를 벌였으니 참경회懺經會를 베풀어 7일마다 뭇 승려에게 범패梵唄를 하며 혼여魂輿를 따르게 하여, 빈전殯殿에서 절의 문에 이르기까지 번당幡幢이 길을 덮고 동발소리·북소리가 하늘을 울렸다. 혹은 비단으로 그 절 건물을 온통 휩싸서 보는 사람들의 눈이 어지러울 정도였다.

『선화봉사고려도경』, 『동사강목』에 불교의 한국적 전래와 더불어 의례儀禮, 예능藝能, 역사歷史 기록에서 범패, 요발(바라춤 악기), 번(장엄)을 살필 수 있어 고려시대에 범패와 함께 불교무용인 작법무가 행해졌음을 알 수 있다.

고려시대에는 불교예술과 더불어 백고좌도량百高座道場, 재회齋會 등 많은 종류의 법회法會의식을 행하였다는 기록이 전해 오지만, 불교무용 동작과 춤사위에 관한 문헌이나 기록은 보이지 않는다.

조선시대에는 숭유억불정책으로 말미암아 불교는 전반적으로 쇠퇴의 길을 걷게 되지만, 『세종실록世宗實錄』(권53)에서 세종 13년(1431) 8월에 범패가 행해졌음을 볼 수 있으며, 16세기 이후 감로탱화에서는 불교의식과 무용이 매우 발전되어 전개되었음을 확인할 수 있다.

법고춤-니르바나공연

또한 불교의식 문헌으로 『범음종보』(1478), 『신간책보범음집新刊冊補梵音集』(1713), 『범음집』(1748), 『작법귀감』(1828) 등 다수의 의식집이 제작되었고, 『영조실록英祖實錄』 권69 「범음족파」에 많은 수의 범패승의 이름이 기록된 것을 볼 때 범패의 전승 사실을 알 수 있다.

이러한 범패와 작법무는 1911년 6월 사찰령과 더불어 각 본말사법이 제정되면서 조선승려의 범패와 작법이 금지되었고, 의식의 일부분이 간소화되었다.* 1931년 안진호安震湖스님이 불교의

홍고-니르바나공연

식을 모아 편찬한 『석문의범』이 불교 각 종단의 통일 의례집으로 활용되었다.

현재 전승되는 작법무는 바라춤 7종, 나비춤 18종, 법고춤 1종, 타주춤 1종 등 27종류의 무舞가 있다. 재齋 진행 시 작법무인 바라춤과 나비춤의 반주형태는 태징, 북, 호적, 육각, 범패 홋소리 반주로 진행된다. 바라춤의 형태가 동적動的·남성적 춤이라면, 나비춤의 형태는 정적靜的·여성적 춤이라 할 수 있다. 법고춤의 반주형

* 洪潤植, 「李朝佛教의 信仰儀禮」(崇山 朴吉眞 博士 華甲記念 『韓國佛教思想史』, 圓光大 出版局, 1975, p.1046).

태는 태징·북·호적·육각이 어우러진 정중동靜重動 춤 형식으로 진행되며, 타주춤의 반주형태는 식당작법 시 공양 게송 사이에서 당좌의 광쇠반주와 평염불 소리에 춤은 정중동靜重動으로 진행된다. 의례진행에 있어 의례승의 범패 소리가 일체 대중에게 들려주는 청각적 깨달음의 법문이라면 작법무는 시각과 청각을 통한 깨달음의 몸짓이다.

현재 불교무용의 제반 27종의 전체적 무용은 유네스코 세계무형문화유산 중요무형문화재 제50호 영산재보존회에서 전승되고 있다.

고려 · 조선시대 복식재현 바라춤군무

불교무용음악 범패

영산작법-니르바나공연

『석씨요람釋氏要覽』에 의하면 한국의 범패는 징징도音正道, 화아和雅, 청철淸徹, 심만深滿, 주편원문周偏遠聞 등 5종의 범성梵聲으로 구분된다. 범패는 다시 안채비소리, 바깥채비의 홋소리·짓소리, 화청으로 구분된다.

고려 · 조선시대 복식-바라춤군무

안채비는 대체로 경문에 해박한 지식이 있는 본사本寺의 병법秉法이나 법주法主가 진행하는데, 권공勸供하는 사연을 탄백하는 내용이다. 4·6구체 형식과 산문 형식의 문장으로 되어 있다. 또 절 안에서 행하는 일반적 염불을 안채비라고 하는데, 어장들에 의하면 유치성·개탁성·착어성·편게성 4성을 안채비라 한다. 그 외 청사성, 소성, 창혼성 등도 안채비라 하지만, 근래 들어 큰 재가 행해질 경우 안채비는 역시 전문적으로 소리를 배운 어장이 그 역할을 맡는다.

바깥채비의 홋소리는 5언4구, 7언4구 등 한문으로 된 산문과 범

영산작법-니르바나공연

어로 된 진언으로 구성된다. 단창, 독창, 대중창으로 부른다. 4구 중에서 제1구와 제3구, 제2구와 제4구는 동음성同音聲이 많고, 재 진행의 특성에 맞추어 동음성을 줄여 개탁성開鐸聲으로 부르기도 하며, 평문으로 읽어 나갈 때는 소리를 쓸어 나간다.* 홋소리는 모든 재 진행과정에서 불린다.

짓소리는 연주시간이 길고 어장魚丈을 중심으로 주로 대중창으로 불린다. 현재 전승되는 짓소리는 15곡이다. 짓소리는 본 소리에 들어가기 전에 독창으로 부르는 허덜품으로 시작되기도 하며, 한 자 한 자를 규칙적으로 장인長引하며 겹성, 홋성, 자웅성, 상사구성 등의 소리를 사용한다.

화청은 불보살을 청하여 불법을 통한 공덕과 회향의 내용을 담은 축원을 함으로써, 영가가 극락왕생하

---

* 같은 선율에 붙여서 촘촘히 읽어 나간다는 뜻.

영산재 안채비

기를 청하는 의식에서 불리는 소리이다. 화청에는 상단축원화청, 지장축원화청 등이 있다.

한국에서의 범패는 이 땅의 불교 전래와 더불어 삼국시대와 고려시대를 거치며 융성하고, 조선조 억불숭유와 일제치하 사찰령 등으로 쇠퇴의 길을 걷기도 했으나, 여전히 불교의식의 소중한 기능을 담당하며 면면히 이어지고 있다. 불교의 악·가·무를 함축하고 있는 영산재는 유네스코 세계무형문화유산이자 중요무형문화재 제50호로 지정되어 한국의 불교문화예술이자 세계인의 무형문화유산으로 위치를 차지하고 있다.

불교무용의 종류와 반주곡

영산재 반주

불교의식 진행 시 거행되는 의식무*는 전문적인 의식승들에 의해 범패의 성악반주와 타악반주에 의해 진행되며, 무용 동작을 통한

* '춤'이라 함을 불가에서는 '무舞'라 하고, '춤'과 '무'의 단어는 동일한 의미로 사용한다.

작법무 반주 범패

불덕佛德 찬탄과 수행을 의미한다. 불교무용인 의식무가 종교 의례로써 언제부터 진행되었는지 알 수 없으나, 불교 전래와 더불어 범패, 무용의 역사 또한 매우 오래되었음을 조선시대 16세기 이후 감로탱화 등의 도상에서 알 수 있다.

1. 바라춤

바라춤은 가사와 장삼을 수하고 흰 천을 동발의 중앙에 넣어 동銅으로 만든 악기를 양손에 들고 범패의 홋소리와 타악과 기악반주곡에 어우러져 무용이 진행된다. 바라춤의 종류는 7가지로 천수바라, 사다라니바라, 요잡바라, 화의재진언바라, 내림게바라, 관욕

바라무

게바라, 명(발)바라가 전승된다.

1) 요잡바라

영산재 등 5종 의식에서 진행되며, 나비춤이 끝난 후, 혹은 옹호게가 끝난 후 성악곡 없이 태징, 호적, 북 반주곡에 의해 1분 45초 전후로 진행된다. 요잡바라*는 보통바라 또는 번개바라라고 한다.

* 바라춤의 기본동작으로 구성되어 있고, 일반적으로 '평바라'라고도 지칭한다.

2) 화의재진언化衣財眞言바라

바라춤 취타 반주

화의재진언은 영혼에게 불전에 나아가기에 앞서서 청정한 마음을 갖도록 간단히 법을 설하고 영산재 관욕의식 중 옷을 태워 법의(法衣: 부처님 가르침으로 이루어진 옷)를 영혼에게 입히는 의식이다. 해탈의 옷을 입은 영가(영혼)가 삼업(三業: 탐내고, 성내고, 어리석은 마음)을 말끔히 닦고, 불법(佛法: 부처님의 가르침)을 들을 마음과 자리가 모두 청정함을 의미한다.

가사: 나모 사만다 못다남옴 바자나 비로기제 사바하나모
○● ○○ ●●●●-● ○○ ●-●● ●●●●-●

사만다 못다남옴 바자나 비로기제 사바하나모 사만다 못다남옴
○○ ●●●●-● ○○ ●-●● ●●●●-● ○○ ●●●●-●

바자나 비로기제 사바하
○○ ●-●● ○○ ○○○ ○○○

- 범패 구성: 진언 '나모 사만다 못다남옴 바자나 비로기제 사바하'를 독창으로 홋소리, 태징, 북, 호적으로 50초 정도 춤과 더불어 진행된다.

3) 천수千手바라

고려 · 조선시대 복식. 천수바라

영산재 등 5종의 재 의식 상단권공 시 진행된다.

가사: ○○○○○ 나모라 다나 다라 야야 나막 알약 바로
○ ○○ ○○ ○○ ○○ ○○ ○○

기제 새바라야 ○○○○○ 모지 사다 바야 마하 사다
○○ ○○●● ○ ○○ ○○ ○○ ○○

바야 마하가로 니가야 옴 살바 바예수 다라나 가라야
○○ ●●●● ○○ ○ ○○ ○○ ○○ ○○

다사명 나막 가리 다바 이맘 알야 바로기제 새바라
○○ ○ ○○ ○○ ○○ ○○ ●●●● ○○

다바 니라 간타 나막 하리나야 마발다 이사미 살바타
○ ○○ ○○ ○○ ●●●● ○○ ○○ ○○

사다남수반 아예염살바 보다남 바바 말아 미수다감 다냐타오옴
●●●●● ●●●●● ○○ ○ ○○ ●●●● ●●●●●

아로계 아로가 마지 로가 지가 란제 혜혜 하례
○○ ○○ ○ ○○ ○○ ○○ ○○ ○○

마하모지 사다바 삼마라 삼마라 하리 나야 구로
●●●● ○○ ○○ ○○ ○○ ○○ ○○

구로갈바 사다야 사다야 도로도로 미연제마하 미연제
●●●● ○○ ○○ ●●●● ●●●●● ○○

다라 다라 다린나례 새바라 자라 자라마라 미마라
○ ○○ ●●●● ○○ ○ ●●●● ○○

아마라몰제 예혜혜로계 새바라라아 미사미 나사야 나베
●●●●● ●●●●● ●●●●● ○○ ○○ ○

사미사미 나사야 모하자라 미사미 나사야 호로 호로
●●●● ○○ ●●●● ○○ ○○ ○ ○○

마라 호로하례 바나마 나바 사라 사라 시리 시리
○○ ●●●● ○○ ○ ○○ ○○ ○○ ○○

소로 소로 못쟈못쟈 모다야 모다야 매다 리야 니라간타
○○ ○○ ●●●● ○○ ○○ ○ ○○ ●●●●

가마사 날사남 바라 하리 나야마낙 사바하 싣다야
○○ ○○ ○ ○○ ●●●● ○○ ○○

사바하마하 싣다야 사바하 싣다 유예 새바라야
●●●●● ○○ ○○ ○ ○○ ●●●●

사바하니라 간타야 사바하 바아라 목카싱하
●●●●● ○○ ○○ ○○ ●●●●

목카야 사바하 바나마 하따야 사바하 자가라 욕따야
○○ ○○ ○○ ○○ ○○ ○○ ○○

사바하상카 섭나네 모다나야 사바하 마하라구타 다라야
●●●●● ○○ ●●●● ○○ ●●●●● ○○

사바하바마 사간타이사 시체다 가릿나 이나야 사바하
●●●●● ●●●●● ○○ ○○ ○○ ○○

먀가라 살--바 사나야 사바하 나모라 다나 다라 야야
○○ ●● ○○ ○○ ○○ ○○ ○○ ○○

나막 알야 바로기제 새바라야 사바하 ○○○
○○ ○○ ○○○○ ●●●● ○○

• 범패 구성: 홋소리, 호적, 북, 태징으로 진행된다.

4) 명발鳴鉢바라

바라무

명발바라는 불보살의 경전 내용을 '펼친다, 울린다'는 의미의 춤으로, 영산재 신중작법 시 끝머리 괘불이운 의식에 앞서서 행해지는데, 가사는 없고 반주가락에 맞추어 바라춤이 진행된다.

- 악곡 구성: 범패는 없으며 태징과 북으로 5분 전후로 춤과 더불어 진행된다.

바라춤

5) 사다라니四多羅尼바라

영산재 등 5종의 상단권공 의식에서 진행되며, 사다라니는 아귀 중생에게 공양을 베풀어 주는 네 가지 진언으로서, 특사가지 다음에 행해지는 의식이다.

가사: 나무시방불법승 시방의 불법승에게 귀의합니다
南無十方佛法僧
무량위덕자재광명승묘력 변식시 다라니~ 나막살바다타아다 바로기제 옴 삼바라 삼바라훔 (3번)

시감로수진언　　　나무 소로바야 다타아다야 다냐탸 옴 소로
施甘露水眞言
　　　　　　　　　소로 바라소로 바라소로 사바하 (3번)

일자수륜관진언　옴 밤 밤 밤밤 (3번)
一字水輪觀眞言

유해진언　　　　　나무 사만다 못다남 옴 밤 (3번)
乳海眞言

• 범패 구성: 사다라니바라(홋소리)로 총 5단락으로 구성된다.

사다라니 바라춤

南 無 十 方 佛 法 僧

(나 무 시 방 불 법 승)-3번 반복

○ ○ ○ ○ ○ ● ○까지 1-5 홋소리

무량 위덕 자재 광명 승묘력 변식시 다라니 6-7홋소리 나막

、 、 、 、 、 、 、 、 ○—● ○○ ○○

살바 다타 아다야 바로 기제 오옴 삼마라 삼마라

○○ ○○ ○ ● ○ ○ ○ ○ ○ ○ ○ ○○ ○○ ○○ ○○

오옴 나막 살바다타 아다야 바로 기제 오옴 삼마라

○ ○ ○ ○ ● ● ● ● ○ ○ ○ ○ ○ ○ ○ ○ ○ ○ ○

삼마라 오옴 나막 살바다타 아다야 바로 기제 오옴

○ ○ ○ ○ ○ ○ ○ ○ ● ● ● ● ○ ○ ○ ○ ○ ○ ○

삼마라 삼마라아훔 ○○○○○ 7-13까지 홋소리

○ ○ ○ ○ ○ ○ ● ● ● ●

【施甘露水眞言】시감로수진언

나무소로 바아야 다타 아다 혜혜 다냐타옴

○ ○ ● ○ ○ ○ ○ ○ ○ ○ ○ ○ ● ● ● ●

소로 소로바라 소로 바라소로 사바하 나무소로

○ ○ ○ ● ● ○ ○ ○ ○ ○ ○ ○ ● ● ● ●

바아야 다타 아다 혜혜 다냐 타옴

○ ○ ○ ○ ○ ○ ○ ○ ○ ● ● ● ●

소로 소로바라 소로 바라 소로 사바하 나무소로

○ ○ ○ ● ● ○ ○ ○ ○ ○ ○ ○ ● ● ● ●

바아야　다타　아다　혜혜　다냐　타옴
○○　○　○○　○○　○○　●●●●

소로　소로바라　소로　바라소로○○○○○ 14-21까지 홋소리
○○　○●●　○○　●●●●

【一字水輪觀眞言】 일자수륜관진언

옴　바옴바옴　밤바옴　옴　바옴바옴　밤바옴 옴 바옴바옴 밤바옴
○　●●●●　○○　○　●●●●　○○　○ ●●●● ○○●●○

21-24까지 홋소리

【乳海眞言】 유해진언

나무　사만다　못다남오옴　바예염나무　사만다　못다남오옴　바예염나무
○●　○○　●●●●-●　●●●●-●　○○　●●●●-●　●●●●-●

사만다　못다남오옴　바 예 염
○○　●●●●-●　○○ ○○○　○○○○○ ○○○운심공양진언　○○○○

• 범패 구성: 홋소리로 4분 30초 전후로 무용과 더불어 진행된다.

바라춤

6) 관욕게灌浴偈바라

영산재 등 5종의 관욕의식 진행 시 목욕게沐浴偈와 목욕진언沐浴眞言 게송을 소리한 후 관욕쇠 태징을 울리고, 이때 두 스님이 관욕방 앞에 나아가 관욕쇠에 맞추어 관욕게바라를 한다.

가사: 목욕게
沐浴偈

아금이차향탕수 내 이제 향탕수로써
我今以此香湯水

관욕고혼급유정 고혼과 유정에게 관욕을 시키나니
灌浴孤魂及有情

신심세척영청정 몸과 마음을 씻어 깨끗이 하소서.
身心洗滌令清淨

작법무 반주 범패

증입진공상락향 그리고 진공인 부처님 세계의 늘 즐거운
證入眞空常樂鄕 고향에 증득해 들어가도록 하소서.

목욕진언 옴 바다모 사니사 아모카 아례훔 (3번)
沐浴眞言

• 범패 구성: 아금이차향탕수 관욕고혼급유정 신심세척영청정 증입진공상락향 목욕진언沐浴眞言- 옴 바다모 사니사 아모카 아례훔 (3번)

• 범패 구성: 평염불과 태징, 북, 호적 가락에 맞추어 6분 20초간 진행되며, 중간에 1분 20초 정도 무용이 진행된다.

7) 내림게來臨偈바라

영산재 등 5종의 재 의식에서 진행되며, 내림게는 먼저 '향화청' 가사를 대중창으로 "산화락散花洛(3회) 원강도량수차공양(3회)" 후 태징에 맞추어 내림게바라를 한다. 작법 진행 시 가사는 없고 요잡태징과 반주가락에 맞추어 무舞가 진행된다.

- 범패 구성: 평염불과 태징, 북, 호적으로 구성되어 4분 정도 진행되며, 무용은 1분 전후로 진행된다.

범패

현재 전승되고 있는 바라춤 가운데 요잡바라, 화의재진언바라, 천수바라, 명발바라, 사다라니바라, 관욕게바라, 내림게바라 등 7가지가 영산재에서 사용된다.

범패 홋소리와 태징가락과 함께 불리는 곡목은 화의재진언바라·천수바라·사다라니바라 등 4가지이며, 홋소리 반주곡이 사용되지 않고 태징, 북반주로 진행되는 곡목은 요잡바라·관욕게바라·내림게바라 등 3곡이다. 이들 바라춤 반주에는 재의 규모에 따라 호적과 육각이 사용된다.

작법무 반주

<표-1> 바라춤 반주음악

곡목	연주 형태	템포	출현음	박자	형식
1. 요잡바라	호적, 태징, 북 중주	♩. =92-96	sol, la, do', re', mi'	3분박 자유박	
2. 화의재 진언바라	범패, 태징, 북, 호적 합주	♩. =88~92	범패-mi, sol, la, do', re', mi' 호적-re, mi, sol, la, si	3분박 자유박	AAA
3. 천수바라	범패	♩. =66	mi, sol, la, do', re'	2분박 자유박	메나리토리 형식
4. 명발바라	태징, 북	♩=92~100		2분박 자유박, 3분박 자유박	
5. 사다라니 바라	범패, 태징, 북, 호적 합주	♩. =66 →♩. =96	범패-Re, Mi, sol, la, do', re', mi', fa', sol' 호적-sol, la, do', re', mi'	3분박 자유박	AA'A'' BB'B'' CC'C'' DD'D'' EE'E''
6. 관욕게 바라	호적, 태징, 북	♩. =84	sol, la, do', re', mi', sol'	3분박	C
7. 내림게 바라	호적, 태징, 북	♩. =84	sol, la, do', re', mi', sol'	3분박	C

〈표-1〉* 바라춤 반주의 연주 형태는 범패 홋소리와 태징, 북, 호적 등이 사용된다. 이 가운데 명발바라·요잡바라·관욕게바라·내

* 법현, 『불교음악감상』, 운주사, 2005, pp.61~231 악보 분석.

바라춤

림게바라 등 4곡은 태징 반주에 의해 춤이 진행되며, 사다라니바라·화의재진언바라·천수바라 곡은 범패 타악과 더불어 악곡이 진행된다.

바라춤 템포는 ♩. =66 → ♩. =96 ♩. =84 ♩. =88~92 ♩=92~10♩. =92-96 등이나 범패로 반주할 때의 템포는 54~66이며, 타악기와 어우러진 반주인 경우 2분박이든 3분박이든 84~100 등 다양하게 진행된다.

2. 나비춤

범패의 홋소리와 타악과 기악 반주곡에 어우러져 무용이 진행되며, 의상은 흰색 육수장삼과 홍색가사 위에 청, 황, 적, 백, 흑 등 오색의 천을 달고 머리에는 고깔을 쓰고 양손에 광쇠나 연꽃을 들고 무가 진행된다. 나비춤의 종류는 긔경起經작법, 구원겁중久遠劫衆작법, 옴남唵南작법, 삼귀의三歸依작법, 모란찬牡丹讚작법, 삼남태三喃太작법, 도량게道場偈작법, 자귀의불自歸依佛작법, 사방요신四方繞身작법, 지옥게작법, 향화게香花偈작법, 정례頂禮작법, 운심게運心偈작법, 만다라작법慢多羅作法, 오공양五供養작법, 대각석가존大覺釋迦尊작법, 창혼唱魂작법, 다게茶偈작법 등 18가지 작법무가 있다. 현재 만다라작법을 제외한 17가지가 전승된다.*

* 법현, 『불교무용』, 운주사, 2002, pp.45~79.

나비무

영산재 보유자 구해스님

1) 향화게작법香花偈作法

영산재 상단권공 진행 시 향화게는 공양찬탄의 게송으로 나비춤이 이어지며, 홋소리로 불린다.

가사: 원차향화 변법계 이위미묘 광명대 제천음악 천보향 제
願此香花 遍法界 以爲微妙 光明臺 諸天音樂 天寶香 諸
천효선 천보의 불가사의 묘법진 일일진출 일체불 일
天肴饍 天寶衣 不可思議 妙法塵 一一塵出 一切佛 一
일진출 일체법 선전무애 호장엄 변지일체 불토중 시
一塵出 一切法 旋轉無碍 好莊嚴 遍至一切 佛土中 十
방법계 삼보전 개유아신 수공양 일일개실 변법계 피
方法界 三寶前 皆有我身 修供養 一一皆悉 遍法界 彼
피무잡 무장애 진미래제 작불사 보훈일체 제중생 몽
彼無雜 無障碍 盡未來際 作佛事 普熏一切 諸衆生 蒙
훈개발 보리심 동입무 생 증불지 공양이귀 명례삼보
熏皆發 菩提心 同入無 生 證佛智 供養已歸 命禮三寶

'원하옵건대 이 향기로운 꽃이 법계에 가득하니 미묘한 향이 광명대가 되게 하옵소서. 모든 하늘(천상계) 음악이 천보의 향이요, 모든 하늘 좋은 음식이 천보의 옷이로다. 가히 생각할 수 없는 기묘한 법진 하나하나 티끌에서 벗어나니 일체가 부처님이로다. 하나하나 티끌에서 벗어나니 일체가 법이고 무애한 세계를 돌아서니 좋게 장엄되었네. 일체 불국토에 이르니 시방법계가 삼보전에 두루하사 모두 나의 몸 닦아서 공양하오니, 하나하나가 모두 다 법계에 두루하며, 저들 모두 분수를 지켜서 아

향화게작법

무런 장애와 걸림이 없으며, 미래세가 다하도록 불사를 지으며, 널리 일체중생을 가르치며, 모두 보리심을 발하게 하며, 함께 무생에 들어가서 불지를 증득하고, 법공양을 올리고 삼보전에 예를 올려 귀의합니다.'

• 범패 구성: 향화게는 평염불, 홋소리, 태징, 호적 반주 형태로 춤은 25분 정도로 구성되어 진행된다.

2) 다게작법茶偈作法

영산재와 5종의 재 의식 상단권공에서 진행되며, 다게는 불보살에게 차를 공양하는 의식절차로서 나비춤이 진행되며, 다음과 같은 가사를 홋소리로 부른다.

가사: 금장감로다 봉헌삼보전 감찰건간심
今將甘露茶 奉獻三寶前 鑑察虔懇心
원수애납수 원수애납수 원수자비애납수
願垂哀納受 願垂哀納受 願垂慈悲哀納受

'이제 특이하고 기묘한 약과 이름난 차를 가지고 영산 대법회에 바치옵나이다. 이제 감로의 차를 삼보전에 올리오니 말로 표현

다게작법

나비무

할 수 없는 간절한 정성 살펴주시어 원컨대 자비심으로 받아 주소서.'

• 범패 구성: 다게는 범패 홋소리, 태징, 호적 반주 등으로, 춤은 10분 이상 구성되어 진행된다.

3) 모란찬작법 牧丹讚作法

각배재 중단권공 시 진행되며, 모란찬은 꽃과 더불어 공양에 대한 찬탄의 무용이다.

가사: 모란작약연화위존귀 증여여래 친족진금체
牧丹芍藥蓮華爲尊貴 曾與如來 親足眞金體

구품지중 화생보리자 불석금전 매헌용화회
九品池中 化生菩提子 不惜金錢 買獻龍華會

'모란 작약 연화는 존귀한 것이어서 일찍이 여래와 더불어 진금체를 친히 족함이라. 구품연못 중에 보리좌에 화생하였으니 금전을 아끼지 않고 보시하여 용화회상에 올리옵니다.'

- 범패 구성: 범패 홋소리, 태징, 호적 반주와 더불어 춤은 11분 전후로 구성, 진행된다.

4) 긔경작법起經作法

영산재 등 5종의 재 의식 시련의식을 마치고 진행되며, 긔경작법은 경을 연다(펼친다)는 의미이다.

가사: 영취게
靈鷲偈

영축염화시상기 영취산에서 꽃을 들어 상근기를 보이시니
靈鷲拈華示上機

긍동부목접맹구 눈먼 거북 물위에 뜬 나무 만나듯 반가우네.
肯同浮木接盲龜

음광불시미미소 가섭 존자 빙그레 미소 짓지 않았더라면
飮光不是微微笑

무한청풍부여수 한없이 맑은 가풍 누구에게 전했을까.
無限淸風付與誰

• 범패 구성: '영축게' 가사를 평염불 후 성악곡 없이 태징과 북 반주로 1분 30초 전후로 하며, 춤은 2인무로 진행된다.

5) 도량게작법道場偈作法

영산재 등 5종의 재 의식 상단권공에서 진행되며, 도량게道場偈는 부처님을 모셔올 재齋의 도량을 청정淸淨하게 하는 의식무이다.

영산작법 니르바나-나비무와 김향금 춤-비천무

가사: 도청정(엄정)무하예 삼보천룡강차지
道淸淨 嚴靜 無瑕穢 三寶天龍降此地

아금지송묘진언 원사자비밀가호
我今持誦妙眞言 願賜慈悲密加護

'도량을 청정히 하였으니 삼보와 천룡은 여기에 강림하시어, 우리가 이제 미묘한 진언 읊나니 원컨대 자비를 내리소서.'

• 범패 구성: 범패 홋소리와 태징, 호적 반주 등 10분 이상 춤이

나비무 반주

구성되어 진행된다.

6) 운심게작법運心偈作法

각배의와 상주권공재 상단권공의식에서 진행되며, 운심게運心偈는 불보살 전에 공양을 올리는 게송에 맞추어 나비춤이 진행된다.

가사: 운심공양진언 원차향공변법계
運心供養眞言 願此香供遍法界
보공무진삼보해 자비수공증선근 영법주세보불은
普供無盡三寶海 慈悲受供增善根 令法住世報佛恩

'마음을 다하여 공양과 진언을 하니, 원컨대 이 공양을 받으시고 법계에 두루 미치게 하소서. 공양이 두루 삼보해에 이르니 공양을 받으시고 자비를 베풀어 선근을 더해 주소서. 법주의 영으로 불보살의 은혜에 보답하오리다.'

- 범패 구성: 평염불과 범패 홋소리, 태징, 호적 반주에 맞추어 나비춤이 12분 전후로 진행된다.

나비무

7) 삼귀의작법三歸依作法

영산재 상단권공 시 불타의 덕을 찬탄하며 이루어지는 나비춤이다.

가사: 삼각원 만덕구 천인아 조어사 아아훔 범성 대자부
三覺圓 萬德具 天人阿 調御師 阿阿 凡聖 大慈父

종진계 등응지 비화보 수궁아 삼제시 횡편시방처 진
從眞界 等應持 悲化報 竪窮阿 三際時 橫偏十方處 震

법뇌 명법고 광부 아 권실교 아아훔 대개방편로 약
法雷 鳴法鼓 廣敷 阿 權實敎 阿阿 大開方便路 若

귀의 능소멸지옥고
歸依 能消滅地獄苦

'삼각이 원만하고 만덕을 갖추었으며, 하늘과 인간을 조복하여 잘 인도하시니 범부와 성인의 대자비의 아버지시며, 진여 좇아 평등하게 응하여 가지니 자비로 변화한 보신이며, 위로는 과거, 현재, 미래시까지, 옆으로는 시방세계 곳곳까지 법의 우레를 치고 법의 북을 울려 널리 권교와 실교(진리와 방편)를 펼쳐 대 방편의 길을 여나니, 만약 귀의한다면 능히 지옥의 고통을 소멸케 하옵니다.'

• 범패 구성: 범패 홋소리, 태징, 호적 반주 등으로 22분 전후로 춤이 진행된다.

8) 옴남작법唵南作法

영산재 등 5종의 재 의식의 상단권공에서 진행되며, 욕건만나라 선송 정법계진언欲建曼拏野 先誦 淨法界眞言을 홋소리 독창으로 마친 후 '옴남' 소리에 맞추어 나비춤을 춘다. 욕건이에 사용되는 나비춤은 옴남 소리 끝에 쇠를 몰아 띄고 들어가기 때문에 대개는 다게작법에 포함시킨다.

"옴남"(3번)을 소리한 후 다게작법으로 이어지는데, 다게작법 게송은 "금장감로다 봉헌삼보전 감찰건간심 원수애납수"로 삼보전에 차공양을 올린다는 의미의 춤으로 이어진다.

가사: 옴남 옴남 옴남

• 범패 구성: 범패 홋소리, 태징, 호적 반주 등 1분 25초에 걸쳐 춤이 진행된다.

9) 지옥고작법地獄苦作法

상주권공재, 각배재 상단권공 시 창혼이 끝난 후 지옥고작법이 이루어지는데, 이는 영산재 상단권공 시 삼귀의 작법 끝 구절 "지옥고" 보장취 끝 구절 "아귀고" 오덕사 끝 구절 "방생고"를 줄여서 하는 작법이다.

나비무

영산재 준보유자 일운스님

이 춤은 지옥, 아귀, 중생 등 모든 중생에게 고통으로부터의 깨달음의 법을 일러주는 춤이다.

가사: 지옥고 아귀고 아귀고 방생고 지옥고 아귀고 방생고
地獄苦 餓鬼苦 餓鬼苦 放生苦 地獄苦 餓鬼苦 放生苦
지옥고 아귀고 아귀고 방생고
地獄苦 餓鬼苦 餓鬼苦 放生苦

- 범패 구성: 범패 홋소리와 태징, 호적 반주 등 3분 30초 전후로 춤이 진행된다.

10) 정례작법頂禮作法

상주권공 상단권공 시 진행되며, 정례작법은 귀명시방상주불歸命十方常住佛을 홋소리로 한 다음 징소리에 맞추어 두 명의 스님이 나비춤을 춘다. 두 번째 귀명시방상주법歸命十方常住法이 끝난 후 나비춤을, 세 번째 귀명시방상주승歸命十方常住僧을 소리한 다음 동일한 나비춤을 추는데 이를 정례작법이라 하며, 작법의 형태는 긔경작법과 동일한 무舞가 진행된다. 현재 정례작법은 홋소리로 가사만을 소리할 뿐 일반적으로 나비춤은 거의 진행되지 않는다.

나비무

가사: 귀명시방 상주불 귀명시방 상주법 귀명시방 상주승
　　　歸命十方　常住佛　歸命十方　常住法　歸命十方　常住僧

'시방세계에 상주하는 불, 법, 승께 귀의하옵니다.'

• 범패 구성: 범패 훗소리와 긔경 태징, 호적 반주 등으로 구성되
　며 4분 47초 전후에서 범패의 중간 중간 춤이 진행된다.

11) 삼남태작법三南太作法

넝산재 상권권공 신행 시 부처님의 빌씀인 졍신을 펼친다는 의미
의 진언이다.

　　삼남태는 개법장진언의 게송 가운데 "옴 아라남 아라다"를 짓소

나비무

리로 2번 반복하고(두 번째는 "옴 아라남"까지만 한다), 그리고 끝머리 "아라다" "옴 아라남 아라다"가 불릴 때 다게성으로 나비춤을 춘다.

가사: 아라다 옴 아라남 아라다

- 범패 구성: 범패 홋소리와 태징, 호적 반주로 구성되며 4분 50초 전후로 춤이 진행된다.

12) 구원겁중작법久遠劫中作法

영산재 상단권공 시 진행되며, 먼저 지심귀명례至心歸命禮 짓소리를 한 후 아래의 소리에 맞추어 나비춤이 진행된다.

나비무

가사: 구원겁중 성 등정각 상주영산 설 법화경 아본사 석
久遠劫中 成 等正覺 常住靈山 說 法華經 我本師 釋

가모니불
迦牟尼佛

'오랜 저 먼 세상 평등한 정각을 이루시고, 영취산에 항상 머무시면서 법화경을 설하신, 중생의 본사이신 석가모니부처님께 지극한 마음으로 귀의합니다.'

• 범패 구성: 범패 홋소리와 태징, 호적 반주로 구성되며 11분 22초 전후로 춤이 진행된다.

13) 자귀의불작법自歸依佛作法

영산재, 수륙재, 생전예수재의 식당작법 진행 시 이루어지는 나비춤으로, 일체중생이 삼보께 귀의한다는 의미로 아래 자귀의불自歸依佛 소리에 맞추어 무가 이루어진다.

가사: 자귀의불 당원중생 체해대도 발무상의
自歸依佛 當願衆生 體解大道 發無上意
자귀의법 당원중생 심입경장 지혜여해
自歸依法 當願衆生 深入經藏 智慧如海
자귀의승 당원중생 통리대중 일체무애
自歸依僧 當願衆生 統理大衆 一切無碍

나비무

'진실로 불보에 귀의하옵나니, 응당 중생들이 대도(불법)를 깨닫고 위없는 마음(보리심) 발하기를 발원하옵니다. 진실로 법보에 귀의하옵나니, 응당 중생들이 경장 속에 깊이 들어가 바다와 같은 지혜 얻기를 발원하옵니다. 진실로 승보에 귀의하옵나니, 응당 중생들이 대중을 살펴 이해하여 일체 장애 없기를 발원하옵니다.'

- 범패 구성: 범패 홋소리, 태징 반주로 구성되며 8분 40초 전후로 춤이 진행된다.

14) 사방요신작법四方搖身作法

영산재 등 5종의 재 의식에서 진행되며, 사방요신은 가사가 없고 요잡바라 반주와 동일한 태징, 북, 호적 반주에 나비춤이 진행되며, 나비춤 16가지의 기본 춤사위이다.

가사: 없음

- 범패 구성: 전체 태징과 북, 호적으로만 구성되며 1분 20초 정도 무용이 진행된다.

사방요신

15) 대각석가존작법大覺釋迦尊作法

영산재 상단권공 시 진행되며, 대각석가존大覺釋迦尊은 크나큰 깨달음의 성현 석가모니 부처님 전에 육법공양六法供養의 하나인 '배헌선열미' 게송 마지막 구절에서 나비무가 진행된다.

가사: 대각석가존 유원제불애강도량 수차공양
大覺釋迦尊 唯願諸佛哀降道場 受此供養

'대각(크나큰 깨달음)을 이루신 석가모니 부처님께 올리오니 오직 원하옵건대 자비로 어여삐 여기시어 이 공양을 받으옵소서.'

• 범패 구성: 범패 홋소리와 태징, 호적 반주로 5분 20초 전후로 춤이 진행된다.

16) 오공양작법五供養作法

각배재 상단권공 진행 시 부처님께 6가지 공양, 즉 향, 등, 다(차), 과(과일), 화(꽃), 미(쌀) 공양을 올리는 게송에 맞추어 나비춤이 이루어진다.

가사: 향공양 연향공양 등공양 연등공양 다공양 선다공양
香供養 燃香供養 燈供養 燃燈供養 茶供養 仙茶供養
화공양 선화공양 과공양 선과공양 미공양 향미공양
花供養 仙花供養 果供養 仙菓供養 米供養 香米供養
불사자비 수차공양
不捨慈悲 受此供養

'향공양, 연향공양, 등공양, 연등공양, 다공양, 선다공양, 화공양, 선화공양, 과공양, 선과공양, 미공양, 향미공양 올리오니, 자비로써 이 공양을 받으소서.'

• 범패 구성: 범패 홋소리와 태징, 호적 반주로 36분 전후로 춤이 진행된다.

17) 창혼작법唱魂作法

상주권공재, 각배재 상단권공 진행 시 창혼唱魂의 홋소리가 끝나고 간단히 진행된다. 영가의 왕생극락을 발원하고, 재를 지내는 자와 동참자의 선망부모 및 일체 영혼의 왕생극락을 발원하는 무용이다. 마지막 가사 '영가 왕생 서방 안락찰' 소리에 작법무가 이어진다.

가사: 원아 금일재자 모인복위 소천망 모인영가 당영복위
願我 今日齋者 某人伏爲 所薦亡 某人靈駕 當靈伏爲
상서선망 사존부모 열위영가 왕생서방안락찰
上逝先亡 師尊父母 列位靈駕 往生西方安樂刹

'금일 재를 설행하는 설판 재자 ○○○가 돌아가신 ○○○ 영가를 삼가 천도코자 하옵나니, 선대에 먼저 돌아가신 스승님과 집안의 어르신 그리고 부모님 등 각각 모든 영가님들께서 서방의 안락한 세계에 왕생하옵길 원하옵나이다.'

- 범패 구성: 범패 홋소리와 태징, 호적 반주로 3분 전후로 춤이 진행된다.

나비무

나비무

18) 만다라작법慢多羅作法(현재 곡목만 전승)

만다라작법은 만달작법曼達作法이라고도 하며, 불교의 여러 재 의식 가운데 생전예수재生前豫修齋 사자단使者壇권공에서 사용되었으나 현재 곡목명만 전해지고 무용 및 범패는 전하지 않는다.

가사: 인연자성소출생 소유복징묘향등과화병미공양
因緣自性所出生 所有複徵妙香燈果花餠米供養
봉헌사자전 유원자비애납수
奉獻使者前 惟願慈悲哀納受

'[illegible]도 시는 성품(자성)으로 인연되어 태어나, 중생이 올릴 수 있는 일곱 가지 공양(향, 등, 다, 과, 화, 병, 미)을 사자님 전에 간절한 정성으로 올리오니 받아 주옵소서.'

나비무

• 범패 구성: 범패의 홋소리와 무용이 구성되어 진행되었으나 현재는 평염불만 무용 없이 진행된다.

나비춤 총 18가지 가운데 향화게작법, 다게작법, 모란찬작법, 귀경작법, 도량게작법, 운심게작법, 삼귀의작법, 옴남작법, 지옥고작법, 정례작법, 삼남태작법, 구원겁중작법, 자귀의불작법, 사방요신작법, 대각석가존작법, 오공양작법, 창혼작법 등 17가지가 영산재에서 사용된다.

범패 홋소리와 태징가락과 함께 사용되는 곡은 향화게작법·다게작법·모란찬작법·도량게작법·운심게작법·삼귀의작법·옴남작법·지옥고작법·삼남태작법·구원겁중작법·자귀의불작법·대각석가존작법·오공양작법·창혼작법 등 14가지이며, 홋소리 반

주곡이 사용되지 않고 태징반주곡으로 진행되는 곡목은 긔경작법·정례작법·사방요신작법 등 3곡이다.

이들 나비춤 반주에는 재의 규모에 따라 호적과 육각이 사용된다.

〈표-2〉* 나비춤 반주의 연주 형태는 범패 홋소리와 태징, 북, 호적 등이 사용되고, 이 가운데 긔경작법, 정례작법, 사방요신작법 등 3곡은 태징 반주에 의해 춤이 진행되며, 향화게작법 등 14곡은 범패와 더불어 악곡이 진행된다.

---

* 법현, 『불교음악감상』, 운주사, 2005, pp.61~231 악보 분석.

범패 반주

나비춤 템포는 ♩=60 ♩=63 ♩=65 ♩=66 ♩=88 ♩=88→♩. =66→♩ =160 ♩=96~100 ♩=160 등이나 범패로 반주할 때의 템포는 ♩=60 ~65이며, 태징이 사용될 때는 ♩=70~160 등으로 박자는 2분박과 3분박 자유리듬으로 다양하게 진행된다.

<표-2> 나비춤 반주음악

곡목	연주 형태	템포	출현음	박자	형식
1. 향화게	범패 독주	♩=60	mi, sol, la, do', re'	2분박과 3분박 자유리듬	
2. 다게	범패	♩=66	la, do', re', mi', sol'	2분박 자유리듬	ABBB'
3. 모란찬	범패, 태징, 호적	♩=80	범패:la, do', re', mi',sol' 호적:sol, la, do', re', mi'	범패: 2분박, 3분박 자유리듬	범패,호적: 3분박 자유리듬
4. 괴경	태징, 북	♩=96 ~100		2분박+3분박	
5. 도량게	범패 독주	♩=60	la, do', re', mi', sol'	2분박과 3분박 자유리듬	AA'A''A'''
6. 운심게	범패 독주	범패 ♩=63 태징, 북♩ =96	범패:mi, sol, la, do', re', mi'	범패: 2분박 자유리듬 태징, 북: 2분박+3분박	범패: AA+BCCA+B'
7. 삼귀의	범패	범패, 호적 ♩=60	범패:la, do', re',mi', sol'	2분박+3분박 자유리듬	
8. 옴남	범패 독주	♩=63	sol,la,do',re, mi',fa',sol'	2분박 자유리듬	ABABB'
9. 지옥게	범패 독주	♩. =63		2분박+3분박 자유리듬	AA'A'A'A'
10. 정례작법	태징, 북 중주	♩=88→ ♩. =66→ ♩=160		3분박 2분박	

11. 삼남태	범패 독주	♩=63	la, do', re', mi', sol'	2분박 자유리듬	AA'
12. 구언겁중	범패 독주	♩=63	la, do', re', mi', sol'	2분박+3분박 자유리듬	ABB'B''
13. 자귀의불	범패 독주	♩=63	mi, sol, la, do', re', mi', sol'	2분박 자유리듬	AA'A'
14. 사방요신	태징, 북 중주	♩=160		3분박 2분박	
15. 대각석가존	범패 독주	♩=65	la, do', re', mi', sol'	2분박 자유리듬	
16. 오공양	범패 독주	♩. =63	mi, sol, la, do', re'	2분박+3분박 자유리듬	
17. 창혼	범패 독주				
18. 만다라	전승 단절				

나비무

3. 타주춤

타주춤은 나비춤 의상인 육수장삼과 가사·고깔을 수하고 양손에 타주 채를 가지고 하며, 공양의식인 식당작법 절차의식에서 진행된다. 타주춤의 진행은 금당좌의 경쇠소리와 평염불에 맞추어 좌·우 타주 채를 올린 후 팔정도를 중심 순회하며 영산재, 수륙재, 생전예수재의 식당작법에서 평염불과 광쇠 반주와 더불어 진행된다.

식당작법 진행 과정에서 타주춤 곡목은 다음과 같다.

①○○○정수정건 ○○○

②○○○마하반야바라밀다심경 ○○○

봉원사 영산재 식당작법

봉원사 영산재 식당작법 오관게

③○○○아제아제 바라아제 바라승아제 모지사바하 ○○○

④○○○처무상도 ○○○

⑤○○○마하반야바라밀 ○○○

⑥○○○삼덕육미 시불위승 범계인천 보동공양 ○○○

⑦공양소 합소-타주 채를 양손에 들고 서서 합장 반배 한다.

⑧○○○공백대중 단념무상 당동정진여구두연 신물방일 ○○○

⑨○○○아차세발수 여천감로미 여아귀중 개령득포만 옴 마휴라세 사바하 ○○○

⑩○○○처처간여호공 여련화 불착수 심청정 초어피계 수례무상존 ○○○

⑪○○○금일 지극지정성 위천재자 모인영가 ○○○

⑫○○○금일 지성위천재자 상세선망부모 다생사장 오족육친 각열위열명영가 ○○○

⑬○○○금일 지극지정성 관수분향 설판재자 모인 각각등 보체 ○○○

⑭○○○영출삼계 ○○○

봉원사 영산재 식당작법 타주무 좌립

식당작법에서 타주춤의 진행은 14단계로 ①~⑥, ⑧~⑭까지 금당좌의 광쇠로 괭○괭○괭○ 울린 후 평염불로 게송을 소리한 후 소리를 마칠 때도 다시 광쇠를 세 번 괭○괭○괭○ 울린다. ⑦공양소 합소는 무를 하지 않고 타주인이 서서 반배로 인사한다.

일반적인 평염불과 광쇠 반주 장단과 함께 어우러져 진행된다. 타주춤은 식당작법에서만 진행되며, 식당작법은 전체 43단계 절차로 중간 중간 타주춤이 들어간다. 식당작법은 전체 40분에서 1시간 전후로 진행되며, 14곳에서 평염불에 맞추어 타주춤이 진행된다.

고려·조선시대. 복식복원 법고춤

4. 법고춤

법고춤은 범패가 없으며, 반주가락에 맞추어 북과 태징 등 사물四物소리를 통하여 허공중생虛空衆生과 축생畜生 등 고통 받는 일체중생을 제도한다는 의미로 무가 이루어진다. 현행 법고춤 사위는 박송암스님류, 응월스님류, 무렴스님류의 3가지가 있다.

법고춤의 반주음악은 성악곡이 사용되지 않고 태징, 북, 호적의 반주음악에 맞추어 무가 진행된다. 법고 채를 잡은 한 스님이 가사장삼을 수하고 양손에 북채를 잡고 시선은 북을 보며 삼현육각과 태징, 북, 호적 연주로 진행된다.

법고춤 동작

가사: 없음

- 범패 구성: 성악곡 없음. 태징, 북, 호적으로만 태징의 느린 가락에서 점차 빠른 가락으로 반주된다.

<표-3> 법고춤 반주음악

연주형태	호적, 태징, 북
템포	♩. =88
출현음	sol, la, do', re', mi'
토리	경토리
박자	3분박 2분박

법고춤 오음보* 분석에 의한 반주는 범패가 없고 호적, 태징, 북과 더불어 진행되며, 템포는 ♩. =88로 선율은 sol, la, do', re', mi' 5음을 사용하여 3분박 2분박으로 연주된다.

현재 불교의 여러 재 의식 진행 시 사용되는 춤은 바라춤 7종, 나비춤 18종, 타주춤 1종, 법고춤 1종 등 총 27가지의 춤으로 영산재, 수륙재, 생전예수재, 각배재, 상주권공재에서 사용된다. 이들 음악의 구조는 성악곡 타악곡으로 이루어지며 재의 규모가 클 때

* 법현, 『불교음악감상』, 운주사, 2005, 법고춤 부록악보, pp.134~135.

법고춤

에는 삼현육각이 어우러져 반주된다. 이 27종의 춤과 곡목의 전승은 유네스코 세계무형문화유산인 중요무형문화재 제50호 영산재 보존회에서만 전승된다.

법고무

불교의식 음악과 무용

불교의식은 크게 두 가지로 나누어 말할 수 있다. 의례儀禮 하나하나가 모여 이루어진 포괄적 의미로 불교 교리 및 모든 수행을 뜻하기도 하며, 한편으로 불제자가 부처님의 가르침을 믿고 의지하며 불佛·보살상菩薩象 앞에 드리는 모든 의례를 뜻하기도 한다.

또한 의식은 전문의식과 일용의식으로도 나눌 수 있다. 전문의식은 상주권공재, 각배재, 영산재, 생전예수재, 수륙재 등 범패와 작법의 전문적專門的 기능機能을 갖춘 어산(魚山: 범패를 전문적으로 배운 스님이나 범패의 최고 스님을 지칭) 스님에 의해 진행되는 의식을 말하며, 일용의식日用儀式은 일반 스님이나 불자들에 의해 안채비 중심의 평염불로 일상생활에 행해지는 의식이다.

그리고 의식은 그 내용에 있어서 자력적自力的 성향과 타력적他力的 성향의 두 형태로 나누어지지만, 참회와 발원을 통한 중생구제衆生救濟와 성불成佛을 목표로 하는 점에서는 동일하다.

의식의 종류는 아침저녁으로 불·법·승 삼보는 물론 상단·중

효성스님 범패

범패-홋소리

단·하단 등 일체 신앙의 대상에 예禮를 드려 공경하는 예경의식이 있고, 영혼을 천도하는 의식으로 상주권공재·시왕각배재(대례왕공재)·영산재·수륙재가 있으며, 살아생전에 재를 올리는 생전예수재가 있다. 이 외에 수계의식·점안의식·이운의식·공양의식·수행의식·장례천도의식 그리고 연중행사와 법회의식이 있고, 생활의례로 사경寫經·석경石經·송경誦經·강경회講經會, 그리고 복장의식腹藏儀式 등이 있다. 현행 전문적 의식은 범패와 무용 등을 배운 스님들에 의해 진행되며, 학습 과정은 상주권공재常住勸供齋, 시왕각배재十王各拜齋, 영산재靈山齋의 홋소리·짓소리 15곡 및 안채비소리, 수륙재水陸齋 순으로 15년 정도 전문적으로 무용과 범패, 악기 다루는 법 등을 배우게 된다.

범패 대중창

불교무용 중요무형문화재 제50호 영산재

효성스님 독창

영산재靈山齋의 영산은 영산회상靈山會上의 줄인 말로, 영산재는 "석가모니 부처님께서 영취산에 계시며 설법說法하시던 때의 모임으로, 이 법회法會에 동참한 모든 청문중聽聞衆, 외호중外護衆은 환희심을 일으키고, 시방十方의 제석천왕과 수많은 보살, 신중 등이 운집하여 부처님의 설법을 듣고 환희했으며, 하늘에는 만다라 꽃이 날리고 묘음보살妙音菩薩 및 천동천녀天童天女가 내려와 꽃과 향, 기악과 가무로써 공양"하였던 당시의 광경을 상징화한 의식이다.

영산재 의식은 3일 동안 진행되며, 현재 중요무형문화재 제50호로 지정되어 서울 신촌에 있는 봉원사 영산재보존회를 중심으

고려 · 조선시대 복식
재현 바라춤

로 매년 6월 6일(현충일)에 시연회가 진행된다.

현행 영산재 의식이 언제부터 행해졌는지는 정확히 알 수 없지만, 조선시대에 편찬된 의식집儀式集 가운데 1496년 학조스님이 교정·번역 간행한 『진언권공眞言勸供』, 1607년 청허휴정스님이 간행한 『운수단가가』, 1826년 백파홍선스님이 제반 의식집을 모아 간행한 『작법귀감作法龜鑑』, 이 외 『범음집梵音集』 등에 영산재 의식 절차와 구성이 나타나 있는 것으로 보아 영산재 의식이 오래되었음을 추측할 수 있다.

현재 중요무형문화재 제50호인 영산재靈山齋의 구성적인 면은 3일 영산재 구성 형식을 취하고 있다. 근래 1일 영산재의 진행에서도 종전의 3일 영산재와 동일한 의식구성으로 진행된다. 영산재 구성은 상기 13단계 절차로 불교음악 범패의 안채비소리, 바깥채비의 홋소리·짓소리, 화청과 회심곡, 불교무용으로 진행된다. 현재 전승되는 무용은 바라춤 7종·나비춤 18종·법고춤 1종·타주춤 1종 등 27종이며, 이 외 도량을 구성하고 있는 꽃과 번 등 장엄이 수반된다.

영산재는 한국불교의 전래와 더불어 의식의 악, 가, 무가 수반된 유네스코 세계무형문화유산으로, 불교음악과 불교무용이 포함된 소중한 불교문화예술이다.

참고문헌

김응기(법현), 『한국의 불교음악』, 운주사, 2005.

김응기(법현), 『불교음악감상』, 운주사, 2005.

김응기(법현), 『불교무용』, 운주사, 2002.

김응기(법현), 『불교음악 영산재 연구』, 운주사, 1997.

김응기(법현), 『불교의식음악 연구』, 운주사, 2012.

관련 홈페이지

불교음악 연구소 http://www.pompae.or.kr

문화재청 코리아 헤리티지 채널-영산재-

http://www.heritagechannel.tv/story/storyList.asp?hid=1&id=&nP=1&ordering=&scate=80&scate2=0&category=&rUrl=storyList.asp&nowpage=1

법현

동국대학교 한국음악과 교수.

1974년 서울 봉원사에서 출가하였으며, 동국대학교에서 불교사학 석사, 원광대학교에서 종교학 석사 및 불교학 박사학위를 취득하였다.

유네스코 세계무형문화유산 영산재 기획홍보 총괄, 태고종 문화종무특보, 문화재 전문위원 등을 역임하였으며, 현재 불교음악연구소 소장, 코리아나 예술단장, (사) 세계문화예술컨텐츠교류연맹 이사장을 맡고 있다.

저서로 『불교음악-영산재연구』, 『불교무용』, 『한국의 불교음악』, 『불교음악감상』, 『불교의식음악 연구』, 『불교의식음악 악보Ⅰ』(시련 의식), 『불교의식음악 악보Ⅱ』(대령의식)』, 『불교의식음악 악보Ⅲ(관욕의식)』, 『영산재』 등과 50편의 논문이 있으며, 「불교음악&불교무용」 음반 CD 33매를 발매하였다.

BTN-TV, BBS-FM 라디오, 국악방송 등에서 '불교음악세계'를 진행하였으며, '영산재'를 바탕으로 한 문화콘텐츠로 유럽·중동·남미·아프리카 등 60여 개 나라에 초청되어 공연하였다. 또한, 세계 3대 인명사전 ABI(미국 인명정보기관), IBC(영국 케임브리지 국제인명센터), 미국 마르퀴즈 후즈후 인명사전에 모두 등재되었으며, 인류의 가장 오래된 악보라고 할 수 있는 각필악보를 2000년 세계 최초로 발견하였다.

(불교음악연구소 홈페이지: http://www.pompae.or.kr)

불교무용 감상

초판 1쇄 인쇄 2020년 3월 2일 | **초판 1쇄 발행** 2020년 3월 10일

지은이 법현 | **펴낸이** 김시열

펴낸곳 도서출판 운주사

(02832) 서울시 성북구 동소문로 67-1 성심빌딩 3층

전화 (02) 926-8361 | **팩스** 0505-115-8361

ISBN 978-89-5746-590-5 03680 값 12,000원

http://cafe.daum.net/unjubooks 〈다음카페: 도서출판 운주사〉